新国门 大兴文化

DAXING

中国共产党北京市大兴区委员会宣传部◎主编

中国纺织出版社有限公司

内 容 提 要

本书分别从优秀传统文化继承与发展，生态文化建设，馆藏文化建设，创新文化建设，红色文化传承等多维度入手，通过精美的画面展现大兴区围绕“三区一门户”功能定位，苦干实干、开拓进取，知重负重、攻坚克难，以钉钉子精神贯彻落实党的十九大精神和党中央决策部署，扎实推进经济高质量发展和人居环境整治，不断增强人民群众的获得感、幸福感、安全感，不断创造经得起实践、人民、历史检验的实绩，呈现出继往开来、跨越式发展的新国门·新大兴。

图书在版编目（CIP）数据

新国门·文化大兴 / 中国共产党北京市大兴区委员会宣传部主编. --北京：中国纺织出版社有限公司，2021.11

ISBN 978-7-5180-9080-8

Ⅰ.①新… Ⅱ.①中… Ⅲ.①地方文化—文化事业—建设—大兴区—画册 Ⅳ.①G127.13－64

中国版本图书馆CIP数据核字（2021）第223742号

策划编辑：李满意　　责任编辑：胡　明
责任校对：寇晨晨　　责任印制：王艳丽

中国纺织出版社有限公司出版发行
地址：北京市朝阳区百子湾东里A407号楼　邮政编码：100124
销售电话：010—67004422　传真：010—87155801
http: //www.c-textilep.com
中国纺织出版社天猫旗舰店
官方微博 http: //weibo.com/2119887771
北京华联印刷有限公司印刷　各地新华书店经销
2021年11月第1版第1次印刷
开本：889×1196　1/12　印张：19
字数：207千字　定价：198.00元

中国纺织出版社有限公司官方微博

中国纺织出版社有限公司官方微信

本书编委会

前 言

文化发展的脉络传承着地域的精神风貌和历史底蕴。

大兴地处永定河冲积平原腹地，自秦置县，金时得名，史称“天下首邑”。数千年来，农耕文化与游牧文化在此交融，形成独具特色的地域文化。因河流改道、漫漶无定的永定河，其生长历程塑造了大兴人民的生态文化观，习近平生态文明思想正在大兴化作生动的实践。

永定河泛滥成灾与自然灾害频发，也造就了大兴人民战胜自然、勇敢坚毅、顽强不屈的品格。大兴是培育英雄的土地，及至近代以来，仁人义士前赴后继，舍生忘死，彰显英雄本色，书写了不朽的红色文化丰碑。

风生水起在大兴。北京市委书记蔡奇对大兴的期待，道出了京南大兴作为首都发展新增长极的重要地位和美好前景。超常规发展正在凝结为新时代的创新文化，在新的发展定位中，必将引领大兴铿锵前行。

时代需要文化的滋润，发展更需文化的“点靓”。大兴作为首都新国门、京津冀地区资源要素集聚的区域新动脉、国家科技成果创新转化的科创新高地，处处可见“风生水起”之景，时时可见“新国门·新大兴”精彩。经济发展促进了文化繁荣。美术馆、博物馆、艺术馆参差错落，文化事业蓬勃兴起，馆藏文化因此进入大兴文化的新视野……文化面貌高颜值、城市发展高质量、人民生活高品质的“新三高”更加呼唤文化的内聚力。

美好的历程，定格成永恒的记忆。《新国门·文化大兴》画册通过展示新国门·新大兴厚重的发展底蕴，使大兴成为区域特色、历史传承、深远影响的文化高地，提升大兴的文化吸附力、影响力。

2021 年是“十四五”开局之年，站在“两个一百年”的历史交汇处，全面建设“新国门·新大兴”的新征程已经开启。今天，坚持新发展理念，紧抓“两区”建设重大机遇，大兴在历史性跨越和蓬勃发展的基色中一路前行。随着北京大兴国际机场的“战略增长极”牵引，现代化平原新城、首都发展新的增长极、繁荣开放美丽新国门，宛如一幅美丽的人文长卷，将会在大兴这块神奇的土地上徐徐展开。

Foreword

The process of cultural development could show the spiritual state and the historical achievement of a rigion.

Daxing, which was set as a county in Qin Dynasty and so called from Jin Dynasty, having been known as the "the prime city of the world" in the long history, is located in the hinterland of the alluvial plain of Yongding River. Both agrarian civilization and nomadic civilization exist in Daxing at the same time. For thousands of years, forming a unique regional characteristic. In addition, the frequently flooding and channel changes of the Yongding River among the history make people living in Daxing maintain an idea of harmony developing with the environment. Xi Jinping's Thought on Ecological Civilization is vivid practiced here.

The outrageous flooding and continual nature disaster urge the inhabitant of Daxing becoming courageous, stubborn and unyielding. Daxing is also a land nurturing beneficent and righteous inhabitants who sacrifice their lives one after another since modern China to highlight the true qualities of heroes, erecting an immortal red cultural monument.

"Brilliant and vigorous development happens in Daxing"—Secretary of the Beijing Municipal Party Committee Cai Qi's expectation indicate Daxing's importance and prospect as a new growth pole of the southern Beijing. Daxing's unique development path lead to a particular culture phenomenon in nowaday, which would encourage this land to a high-speed process.

Developing in today's world need the support and decoration of culture. As the new gate of the Capital, the core place of resource gathering of the integration of Beijing, Tianjin and Hebei, the new highland of the national hi-tech achievement transformation, Daxing gathers omnipresent booming scenes and the unremitting brilliance of "New Gate of the Capital City, New Daxing District". Economic growth also bring a prosperous culture. Museums and art galleries are scattered all over this area; visiting museums has been a new option of culture activity in Daxing as the culture of museum exhibition flourishing. In general, the "three new high", which means high level of cultural appearance, high quality of urban development and high quality of people's life, call for more cultural cohesion.

The evolution of Daxing should be recorded as an eternal memory. New Gate: Culture Aspect of Daxing illustrates Daxing's rich history, depicts a culture hill that made of regional characteristics, heritage and widespread effect, also would enhance the attraction and cohesion of Daxing.

In 2021, the first year of the 14th Five-Year Plan, standing at the historic juncture of The two Centenary Goals, Daxing are about to embark on a new journey of building the "New Gate, New Daxing". Today, by adhering to the new concept of development and seizing the major opportunities in the construction of the "two regions", Daxing is forging ahead in the historic leap and vigorous development. With the "strategic growth pole" of Beijing Daxing International Airport, the new modern plain city, the new growth pole of the capital development, and the brand-new, open, beautiful and prosperous gate, will unfold like a beautiful cultural long roll on the magic land of Daxing.

传统文化

大兴自秦置蓟县，两千余年岁月绵亘，金始得名大兴，寓意疆域辽阔，兴旺发达。倚郭京畿是为附郭赤县，各类遗存不可胜数，诸多掌故屡见于历代典籍。帝王将相、金戈铁马、民族融合、风土民俗……历史背影远去，史册精彩依旧。

大兴向为京南门户，形胜紧要之地。自辽渔猎于南囿始，历代帝王渐重大兴，至清建团河行宫于此，达南囿鼎盛，其皇家园林文化璀璨生辉。

文化的多元孕育了区域特色浓郁的民间艺术。独有的诗赋弦优美诙谐，五音大鼓神韵醉人，高跷、秧歌、中幡、吵子等百余档花会，荡荡乎无以胜数，曜曜兮令人神往。

回眸千年历程，皆因文脉贯通。文化艺术繁花锦绣，悦我心境，濡养情操。大兴文化，造就人杰地灵的盛况：古老雕版印制的古籍，传统技艺制作的黑陶，悠扬的古琴融入生活美学……民间艺术和传统技艺俗雅交融，动静相宜。如今大兴已有太子务武吵子、吴氏太极拳、白庙村音乐会、古琴制作等 38 项民间传统文化项目列入国家级、市级、区级非物质文化遗产代表性项目名录。

物质的、精神的文化在岁月演进中，已渐渐汇集成大兴深厚浓郁、独具特色的优秀传统文化，文化的气质内融于民众的心灵，外化于日常行为范式。它是忠孝仁爱的思想观念，是勤劳朴实的行为风格，是包容大气的广阔胸襟，是精益求精的工匠精神，是热情好客的民俗习俗……现代与历史一脉相承，这些优秀传统文化正在当下焕发出新的生机，契合着大兴人的精神诉求。

深厚的文化底蕴和丰富的文化资源，始令今日大兴文化呈现出生机勃勃、繁荣昌盛之态。加之公共文化服务体系的建立、机制创新，更使大兴文化事业与产业璀璨正隆。

Traditional Culture

Daxing has been established since Qin Dynasty as Jixian County for more than 2,000 years, and she was named Daxing in Jin Dynasty, which means she will be vast and prosperous. During the Song and Yuan dynasties, she was the county where the administrations of the states and roads were located. There are countless relics of various kinds, and many stories are frequently found in the historical books. Deeds of emperors and nobles, military compaigns ethinc integration, customs and folklore have been far away, but the fascinating history remains.

Daxing has always been the gateway to the south of Beijing, a place of great importance. Since the Liao Dynasty the Nanyou has became a place of fishing and hunting for the imperial house, from then on, the successive emperors gradually valued Daxing. The Qing Dynasty built the Tuanhe Palace here and Nanyou reached its heyday, the royal garden culture shines brightly.

The diversity of cultures has given birth to folk arts with strong regional characteristics. The unique folk opera "poem and strings" are beautiful and witty, the five-tone drums are enchanting, and there are more than 100 kinds of entertaining fair in Daxing, such as stilt walkers, Yango (a popular rural folk dance), Chinese streamers, and Chaozi, etc., which are countless and fascinating.

Looking back at the history of a thousand years, Daxing always connects with the culture. Culture and art have been integrated into the flowering embroidery, pleasing our mind and nurturing our emotions. Daxing culture cultivates its outstanding people and the picturesque scenery: woodblock printing, traditional skills to make black pottery, the melodious guqin merged into the aesthetics of life. Folk art and traditional skills mingled with vulgarity and elegance, dynamic and quiet. Today, Daxing has 38 folk traditional cultural projects such as Prince Wu Chaozi, Wu's Tai Chi, White Temple Village concerts, guqin making, etc. included in the list of national, municipal and district representative projects.

Material and spiritual culture evolved in the long history has gradually merged into a deep, rich, unique and excellent traditional culture in Daxing. Cultural temperament is internalized in the hearts of the people and externalized in the daily behavior paradigm, which are loyalty, filial piety, benevolence, diligence, honesty, toleration keep improving and hospitality. The modern era and the history share the same lineage, and the excellent traditional culture is now giving new life to meet the spiritual aspirations of Daxing people.

The profound cultural heritage and rich cultural resources begin to make today's Daxing culture show a vibrant and prosperous state. In addition, the innovation of the system and mechanism of the public cultural service has made Daxing's cultural undertakings and industries bright and prosperous.

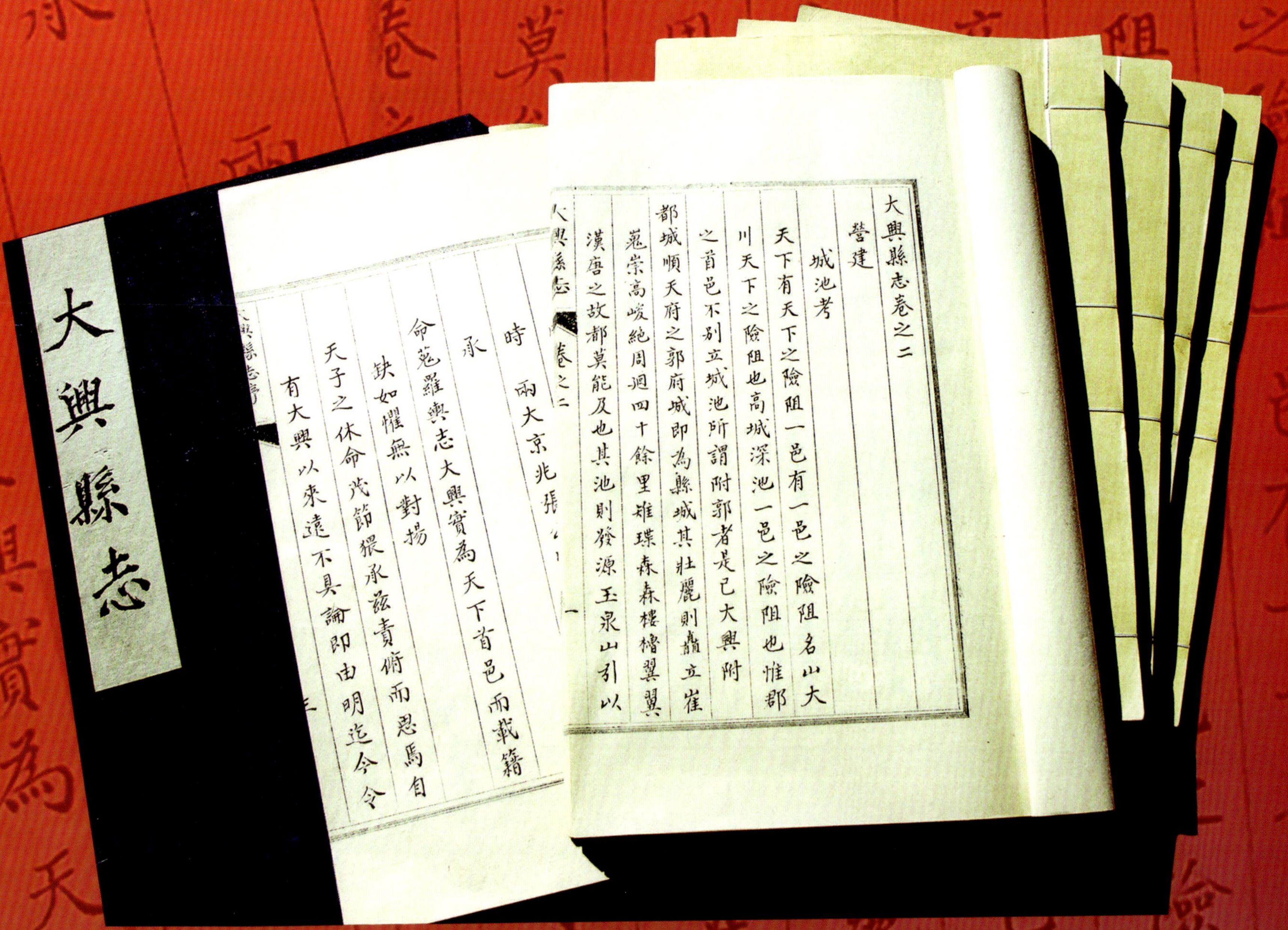

附京师，卫皇城，广通衢，兼以人杰地灵、物阜民丰，清康熙二十二年（1683年），时任大兴县知县，江苏海州沭阳县张茂节奉旨编纂《大兴县志》，首倡“大兴实为天下首邑”伟哉其功，千秋景仰。

先秦置县，为大兴地建县之始。蓟县之名，历经秦汉隋唐，相延千余年不废。至辽宋年间为蓟北、析津，金贞元二年（1154年）得名大兴，至今八百六十七载。其间，其辖区治域亦多有变更。清时，顺天府下辖大兴、宛平两县，大兴县治所位于京城内，今北京市东城区仍有大兴胡同。图为现北京市东城区大兴胡同的大兴县治所旧址。

南園秋風

乾隆戊辰御筆

集乾隆皇帝字『南園秋風』选自《三希堂法帖》其中『園』字由『囗』『青』集成皆乾隆皇帝十一年至十三年所书

李雨青 甲申仲秋

该图为清代宫廷画家郎世宁创作的《乾隆皇帝大阅戎装图》，现收藏于北京故宫博物院。

自辽时起，古代帝王即常渔猎于南海子一带，金时帝王猎苑已初形。元下马飞放，纵鹰猎雁，豪气冲天；明建庙宇，修园林，南囿秋风，为燕京十景之一；至清帝建团河行宫于此，行围猎，阅兵阵，处政务，经筵休憩，是为南囿鼎盛。该图为夕阳西下的南宫遗址。

元设鹰坊、仁虞院于南海子，明称晾鹰台，清帝常于此行围射猎、阅兵演操。图为位于今大兴区旧宫镇的晾鹰台遗址。

康乾两帝尤喜殪虎之典，乾隆作诗《射虎行》，曰：“虎圈养虎林丞守，官家备物无不有。饲以久徒费以多，殪之每试佽飞手。南苑殪虎宜何处？往例晾鹰台陈旅。”该图为清代宫廷画家郎世宁创作的《乾隆殪虎图》，现收藏于北京故宫博物院。

孝庄文皇后是清代杰出的女政治家，德寿寺是其子顺治帝为其所建。位于大兴区旧宫镇的德寿寺如今已修葺一新。图为大兴区旧宫镇的德寿寺。

清帝常于南海子举行大阅。该图为清代宫廷画家郎世宁创作的《乾隆皇帝大阅图》，现收藏于北京故宫博物院。

西周陶鼎

西周石镰

西周石刀

大兴出土的文物，上至西周，下至明清，十分丰富。从这些出土文物，可以管窥这片热土曾经的商周遗韵、汉唐风采、明清民风。2019年发掘的旧宫西周遗址西周早中期的聚落遗址。遗址内共发现西周时期房址2座、墓葬16座、灰坑葬4座，灰坑263个，出土较完整陶器、石器、骨器等遗物40余件。

西晋时期政治家、文学家，大兴人张华故里遗存的石头圈。

清南路厅专管缉奸捕盗事宜，领属京南一州八县，图为大兴黄村老街拆迁时发现的南路厅石刻。

作为五朝皇家猎场、三代皇家苑囿，南海子地区曾有四大行宫，团河行宫、南红门行宫、旧衙门行宫三座均在大兴，其中又以团河行宫最为豪华。上图为团河行宫御碑亭，下图为团河行宫中雕梁画栋的连廊。

随着近年有效的保护、修缮和发掘，这里蕴藏的巨大历史文化价值正带着璀璨的光芒进入人们的视野。图为团河行宫云随亭。

永定河，北京的母亲河。虽然她也曾洪流肆意，给人们带来困苦，但大兴人民从来没有忘记，正是她的乳汁哺育了大兴人民，一代又一代，生生不息。无论她洪水奔涌还是饥渴干涸，都是母亲的喜怒哀乐，都是大兴人民时时刻刻的爱与牵挂。

永定河上游丰台与大兴交汇段。

生态补水后的永定河碧波荡漾。

雍正帝乳母谢氏为大兴人氏，雍正帝为报答其养育之恩，于今大兴区榆垡镇修建茔园，立“敕建恭勤夫人谢氏碑”。图为修缮后的恭勤夫人谢氏墓。

华夏各民族历经五千年交汇融合，终成中华民族之大家庭，如石榴般千子同一，千房同膜，颗颗相抱。顺治、乾隆两帝先后在德寿寺迎谒五世达赖和六世班禅，这里遂成民族团结之见证。图为修缮一新的德寿寺遗址公园。

明永乐三年（1405年），有陈氏两兄弟自南京北迁落户西红门，后逐渐形成回族聚居村，并建清真寺于此。这座古老的清真寺历经600余年沧桑，至2008年，党和政府顺应穆斯林群众需求，决定对其全部建筑进行整修、扩建，并于2011年在老清真寺南侧建造了今天这座伊斯兰建筑风格、与当地实际需求相结合、集多功能于一体的新清真寺。

黄村火神庙位于黄村老街南口，始建于清康熙二十七年（1688年），为原南路厅的建筑。南路厅专管缉奸捕盗事宜，领属一州八县（霸州、文安县、固安县、东安县、保定县、永清县、大城县和大兴县）。火神庙为南路厅整体建筑的一部分，在老街拆迁过程中曾发现南路厅碑刻。

京南之洼地谓之南海子，元世祖定燕京为帝都始，即定数百年为皇家猎苑之命途，数百年来历经兴衰坎坷。直至 2010 年，南海子公园（一期）面向世人开放，成为中轴线上的又一颗璀璨的生态明珠，与北五环的奥林匹克森林公园遥相呼应。图为南海子公园（一期）牌楼。

南海子公园（二期）牌楼。

古时南海子，其地甚广，今视之则北至南四环、南至南六环、西至京开高速、东到京津唐高速，面积达 216 平方公里。此为 2019 年竣工开放的二期，面积达 6.41 平方公里。“森林绕城、湿地润城、公园遍城、文化兴城”的美好蓝图正展现在世人面前。

清朝末年，国运衰微，天灾人祸致麋鹿流落异国他乡，这一皇权的象征从中国本土灭绝。直到二十世纪八十年代，祖国处处生机勃勃、欣欣向荣，南海子专辟一地建成麋鹿苑，麋鹿重返家园的夙愿终于实现。沧桑南海子，可窥封建王朝兴衰运；今日麋鹿苑，写照民族复兴盛世景。

珂罗版是清朝光绪初年引进的一项西方技术，经过几十年、上百年的学习、应用、融化，已经成为我国一项传统手工艺。图为大兴区生物医药产业基地东方宝笈文化传播（北京）有限公司工作人员以此技艺复制古代书法作品。

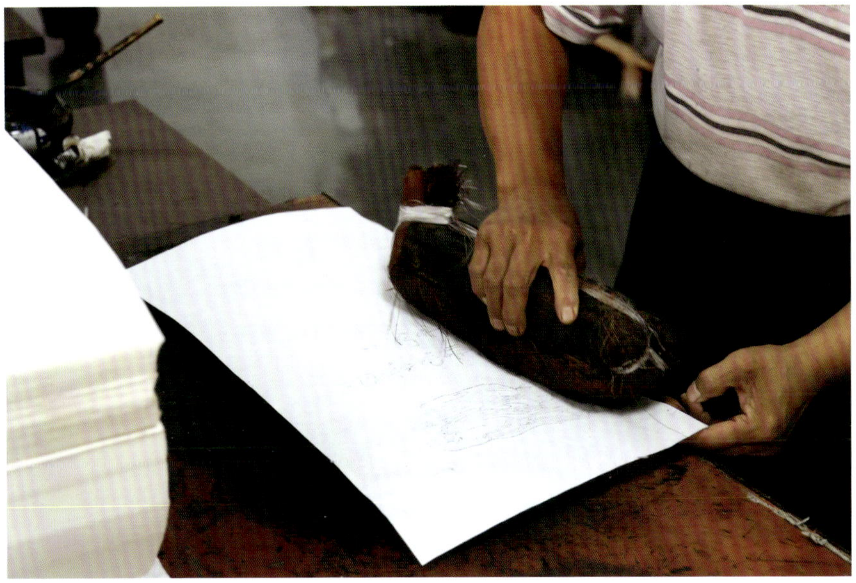

发明于七世纪的雕版印刷术被称为印刷史上的“活化石”，其工艺看似简单，实则复杂，从刻板到最终成书共计二十多道工序。大兴区采育镇韩营村的华艺斋专门从事雕版印刷，图为华艺斋印刷品展示及工作场景。

强悍、粗犷、舒展、大方，集娱乐、健身、表演为一体，大兴区榆垡镇太子务村的武吵子是一门传承百年的真功夫。作为大兴特有的汉族民俗舞蹈之一，太子务武吵子和其他民间文体活动一样，是联结街坊乡亲感情的纽带，具有较高的社会、民俗及文化价值。2014年底，太子务武吵子被收入第四批国家级非物质文化遗产保护项目名录。

新编武吵子。

非物质文化遗产石垡高跷，腿绑一米多高木制踩脚，身穿五彩戏曲行头，一席人盛装亮相，走街串巷、翩翩起舞。劈叉、跳凳、过桌子、扭秧歌、蝎子爬、拿大顶、鹞子翻身、鲤鱼打挺……动作惊险而刺激，表演者却如履平地。高跷，这项源自春秋时期采集野果的技艺性民间舞蹈，在大兴深受群众喜爱。

扎根于民间、流传于民间的“诗赋弦”创始于清光绪六年（1880年）。在一个多世纪的历史进程中，诗赋弦曾经产生了上百个剧目，形成了自己独特的唱腔和表演体系，以它独特的地方民间特色，曾在北京的大兴、房山，河北省的固安、涿州等地产生广泛影响，深受百姓欢迎。诗赋弦极富地方民间文化底蕴，被称为“戏曲的原始形态”、民间戏曲的活化石，具有重要的民俗研究价值。

起源于汉朝的皮影戏在大兴传承。以李铭为代表的一群“袖珍人”志趣相投，组成皮影剧团，从制作到演出，激发了游客和孩子们的强烈兴趣。

金代大兴地区酿酒业已经十分发达，清代酿酒烧锅遍布农村集镇。民国时期，大兴地区的烧酒有“南路烧酒”之名，享誉北京地区。图为按照大兴南路烧独特的传统酿制技艺恢复生产的隆兴号方庄酒厂。

精美绝伦的曹氏风筝。

宫廷灯笼、剪纸、面塑等传统技艺在大兴也有着深厚的发展土壤。

李氏柳编以本地区特产柳条为原料，原主要编制生产及日常生活实用品，经历代传承人改进，逐步成为美化生活的艺术品。2018年入选大兴非物质文化遗产代表性项目名录。

起源于五千年前，发现于龙山文化，胎质细腻，造型典雅，古色古香，将传统的手工雕刻技法与现代工艺进行有机结合的黑陶备受各国游客喜爱。图为位于大兴区采育镇的金宇黑陶及其创始人金宗强（左下）、迟雪宇（右上）夫妇。

大兴是吴式太极拳的发源地，其奠基、定型和发展均在大兴完成。如今，国内外习练吴氏太极拳者有十数万之众。图为吴式太极拳传承人张全亮（右二）在指导习练者。

将武术与花会相结合，演绎路见不平的故事，大兴天宫院武圣会传承至今已有一百二十余年。

大兴民风淳朴、友善好客，潭柘寺云游僧人见此遂授以经音乐，经长子营人二十余代传续改进，融道家音乐和民间音乐于其中，形成长子营白庙经音乐，四百年来至今保存完整。图为大兴区长子营镇白庙村经音乐传人为来访者演奏经音乐。

服装道具、人物表情、音乐伴奏，无不体现传统特色，细腻的表情动作，惟妙惟肖的人物刻画，将人们乐观诙谐的生活态度淋漓尽致地展现在小车会这一民俗文化活动中。图为出国演出的大兴区旧宫镇群英同乐小车圣会。

春节期间，在南海子公园举办的非物质文化遗产展示活动，用传统文化将人们集聚到一起。

践行北京精神 繁荣新区
大兴区传统花会新春大拜年
羣英同樂小車聖會
南海
龍

生态文化

生态文化从来没有像现在这样提上新国门·新大兴国家战略发展高度，习近平生态文明思想已经在大兴变为生动的实践，大兴人通过创造性的探索，正在从历史和未来两个维度寻找构建生态文明的途径和方法。传统中“天人合一”首邑生态地位观，“仁德爱物”的爱护生态观，“取物有时”的尊重生态规律观……正在成为大兴生态文化发展的基石。

今日的大兴，生态文化与现代经济社会发展相融合。因水而生的生态文化，因林（园）而生的生态文化，因移民和农业生产而生的生态文化，因生态治理而生的生态文化，因产业发展而生的生态文化，因前瞻谋划而将新生的未来生态文化……产业因此而取舍，制度因此而设定，环境因此而治理，生活方式也因此愈加绿色时尚。

现代生态文明已深入人心，良好的生态环境保护与建设正在夯实大兴阔步前进的根基。森林绿地系统持续完善，铺就发展底色；水系生态功能不断恢复，滋养万物生机；防污治污全面推进，引领绿色发展；资源能源集约利用，积蓄永续动力；节约型社会建设，催生绿色低碳生活；现代都市农业优化高效，乡村魅力迸发。

生态果园，宜居社区，街心公园，万亩森林，湿地景观……无论专注移步易景的角落细节，还是鸟瞰生机勃发的大兴全貌，一个大绿大美、人与自然和谐共处的美丽大兴正展现着新国门的形象。

Ecological Culture

Ecological culture has never been as important as it is now to the development of the national strategy of the new gate and new Daxing. Xi Jinping's Thought on Ecological Civilization have become a vivid practice in Daxing. Daxing people are searching for ways and means to build ecological civilization from both historical and future dimensions through creative experiment. The concept of "Heaven and Humanity oneness" stressing the important status of ecology, "benevolence and love" show the care of nature, "exploit resources properly" reflect the esteem of nature, all are becoming the cornerstone of Daxing's ecological culture.

In today's Daxing, ecological culture is integrated with modern economic and social development. Ecological culture derived from river system, garden and forest scenery, (garden), migration, agricultural production, ecological management, industrial development and forward planning. According to those kind of ecological culture, people decide whether a industry should be approved or rejected, how the institution be made, and the way of life will becoming more and more green and fashionable.

Modern ecological civilization has been deeply rooted in people's minds. Good ecological environmental protection and construction are strengthening the foundation of Daxing's development. The forest and green space continues to be improved, laying the foundation for development; the ecological function of the water system continues to be restored, nourishing all living things; pollution prevention and treatment is comprehensively promoted, leading green development; the intensive use of resources and energy accumulates sustainable power; the construction of a conservation-minded society gives birth to low-carbon life; modern urban agriculture is optimized and efficient, and the charm of the countryside bursts forth.

There are ecological orchards, livable communities, street parks, thousands of acres of forests, and wetland landscapes in Daxing. Whether focusing on elegant details in every corner of Daxing or taking a bird's-eye view of its vibrant full view, a beautiful Daxing with great greenery and beauty and harmonious between man and nature shows the impression of the national gate.

大兴位于广阔平坦的永定河冲积平原，是首都新国门。图为亦庄新城鸟瞰。

图为大兴新城鸟瞰。

优化后的绿地空间结构提升了新城环境品质，城市生态承载力持续提高。图为大兴旧宫、亦庄土地腾退后连接成片的城市绿地。

绿化景观参差错落于大兴新城每一个角落。昔日的污水河现已变成风景宜人的景观河，河两岸郁郁葱葱，水草丰茂。图为大兴新城北区碱河河畔的滨河公园。

穿过森林去机场。在原有自然基底上，融入园林绿化发展先进生态理念，造林和景观绿化紧密融合，大美绿色新国门新形象跃然眼前。图为北京大兴国际机场绿化景观带。

念坛公园占地2500亩，其中湿地面积达150亩，整个水域面积达700亩，且均为再生水。图为念坛公园风光。

林、水、田、园一体的自然生态系统得到恢复和建设，念坛公园的亲水环境使周边居民的生活愈加丰富多彩。

夏荷掩映南海子。南海子公园总面积 11.65 平方公里，相当于四个颐和园，是北京最大的湿地公园。

麋鹿苑夕照。生态环境恢复，引得越来越多的动物重新栖息于此。

新凤河流域建设有新西凤渠湿地和安南支流湿地，采用“水平潜流湿地＋垂直潜流型湿地＋表流湿地”的复合型湿地工艺建造，湿地公园总占地78万平方米，潜流湿地总面积约24万平方米。上图和右上图为新凤河风光。

旧货市场和厂房变身为530亩的旧宫城市森林公园，昔日脏乱的环境被满园春色取代。

旧宫城市森林公园内景。

村镇改造使古镇青春焕发。图为大兴区采育城镇社区。

大尺度、景观化森林湿地群建设，促进了生态空间进一步融合，成为城市区域生态屏障。图为大兴区瀛海南宫湿地公园。

大兴区瀛海足球主题公园占地308亩，绿化面积207亩，消纳渣土约60万方，废弃的工厂就此成了居民休闲运动的好去处。

虬髯京南，水润大兴。图为航拍南海子湿地。

秋日暖阳。

梨花村梨树王。

梨园欢愉。

北京种植面积最大、开花最早、品种最多的古梨树群落，有百年以上果树3500亩，新老果树10万余株。梨花村因梨树而闻名，因梨树而富裕，因梨树而美丽。图为大兴区庞各庄镇梨花村梨园雪景。

传统农事节庆催动现代都市农业发展。图为一年一度的北京大兴采育葡萄旅游文化节开幕式现场。

大兴区采育镇连接成片的葡萄庄园。

御林古桑园，一个蕴藏着美味、美景和美丽传说的地方。图为大兴区安定镇御林古桑园雪景。

花团锦簇的御林古桑园入口。

第十七届安定桑葚（椹）旅游文化节开幕式现场。

纳波湾，一种花的名字，在大兴区魏善庄镇变作一片花的海洋，这里所有的花朵，都为美化城市生活而绽放。

月季不仅是北京的市花，也是大兴的一张金字名片。图为大兴区魏善庄镇世界月季主题园的月季雕塑。

大兴区榆垡镇香草园融入欧洲风情的设计，似流动的花海，具备种植示范、休闲娱乐、旅游观光、科普教育等多重功能。

多彩的空间，构建多彩的城市，造就多彩的生活。

移步易景，生态宜居，这里的每一个角落都是惬意生活的着落处。

河畅、水清、岸绿、景美的水生态，滋养大兴，生机勃勃。

凤河新景。

休闲设施参差错落于绿树掩映的城市中。左图为凉水河儿童乐园，右图为凉水河沿岸景观。

9华润·公元九里
PARKLAND

街道交错于社区之间，层林叠翠，绿水绕行，好一座宜居新城。左图为华润 · 公元九里小区，右图为顺驰领海小区。

一个个宜居社区还大兴一个美丽的天际线。图为大兴区庞各庄丹麦小镇。

红日与彩霞相映，白云与蓝天互衬。图为大兴区榆垡镇、长子营镇。

留民营生态园。

梦幻般的紫色海洋。图为大兴网红打卡地之一——大兴区魏善庄镇花海。

日落余晖别样红。图为大兴网红打卡地之一——大兴区黄村镇狼垡城市森林公园成片的粉黛乱子草。

北京野生动物园坐落于京南大兴区永定河畔，是集动物保护、救助，野生动物驯养、繁殖及科普教育为一体的大型自然生态公园，是北京市科普教育基地、国家 4A 级景区。

北京野生动物园园区占地面积 3600 余亩，既是种类繁多的野生动物的栖息地，也是人们观光旅游的打卡地，还是大兴又一处生态森林氧吧。

休闲旅游、观光采摘成为时尚。

馆藏文化

城市的发展需要文化元素支撑，评价一座城市的文化底蕴，图书馆、展览馆和博物馆“三馆”的建设现状与未来发展规划，是其中一个非常重要的维度。

当文化的实物形态被人们有意识地集中收藏与展示，以彰显和传播其所蕴含的文化价值，达到一定规模，便形成馆藏文化。

馆藏是地区文明的窗口。大兴区内的各种主题博物场馆方兴未艾，藏品门类日益增多，藏品类型日益丰富。从中国印刷博物馆、珂罗版印刷艺术馆到雕版印刷艺术馆；从李可染画院、澄怀美术馆、钧天坊古琴基地、弘文博雅艺术馆到田野文化园、坦博兴善苑；从西瓜博物馆、月季博物馆到麋鹿苑博物馆，藏品多元、形态各异，内涵丰富、底蕴深厚。大兴馆藏文化正在成为助力都市休闲产业发展的前台，促进文化创意产业发展的平台，展示“新国门·新大兴”文化形象的舞台。

馆藏文化的兴起，是民众精神生活水平迈上更高一级台阶的最好诠释，体现着民众的文化意识和文化觉醒，乃至文化传播的自觉。

馆藏文化孕育在丰富的馆藏资源之中，表现出与其社会功能相吻合的精神气质。馆藏文化在文化建设和发展中具有独特的价值，日益彰显出文化软实力。大兴区境内共有各类博物场馆 30 余家，这些博物场馆大多兴起于二十世纪九十年代以后。私人出资的民间专题博物场馆占了绝大部分，民间主题博物馆在大兴区的文博事业中独树一帜，担当了极富个性的文化承载者的特殊角色。

传承优秀传统文化，传播大兴声音，讲好大兴故事，厚植新国门·新大兴文化根基，助力北京市全国文化中心建设，大兴馆藏资源厚积薄发，馆藏文化正在京津冀发展高地上迎风生长。

Collections culture

The development of a city needs the support of cultural elements, and the current construction status and future development plan of libraries, exhibition halls and museums are ones of the more important dimensions to evaluate the cultural heritage of a city.

When the physical form of culture consciously collected and displayed to spread its cultural value reaches a certain scale, the culture of collection is formed.

Collections are the windows of regional civilization. Various thematic museums in Daxing District are flourishing, with more and more categories and types of collections. From Museum of Graphic Communication, Collotype Printing Art Museum to Block Printing Art Museum; from Li Keran Painting Institute, Chenghuai Art Museum, Juntianfang Guqin Base, Hongwen Boya Art Museum to Tianye Culture Park, Tanbo Xingshan courtyard; from Watermelon Museum, Chinese Rose Museum to Elk Park Museum, the collections are diversified and varied, with rich connotations and profound history. The culture of Daxing collection is becoming the foreground to help the development of urban leisure industry, the platform to promote the development of cultural and creative industries, and the stage to show the cultural image of "New Gate of the Capital City, New Daxing District".

The rise of collection culture is the best interpretation of people's spiritual life moving to a higher level, reflecting the people's culture awareness and the consciousness of culture dissemination.

The collection culture is nurtured in the rich collection resources and shows a spiritual temperament that matches its social function. The collection culture has a unique value in the construction and development of culture, and increasingly shows the function of cultural soft power. Daxing District has more than 40 museums of various types, most of which emerged in the 1990s and later. Privately funded folk museums account for the majority of thematic museums, and folk theme museums are unique in the Daxing's culture and museum system, playing a special role as a highly distinctive culture carrier.

Inheriting excellent traditional culture, spreading the voice of Daxing, telling the story of Daxing, planting cultural roots of "New Gate of the Capital City, New Daxing District", helping the construction of Beijing's national cultural center, Daxing's collection resources is showing superiority based on extensive accumulation, while the culture collection is flourishing with the integration of Beijing, Tianjin and Hebei.

坐落于兴华大街的中国印刷博物馆是目前世界规模最大的印刷专业博物馆，包括古代印刷展、近现代印刷展、印刷设备展、数字展及临时展等展厅。博物馆还设有互动体验区，观众可以在此体验古法造纸工艺、雕版活字印刷工艺流程等。

中国西瓜博物馆坐落于大兴区“西瓜之乡”庞各庄镇，展出内容包括西瓜的起源、西瓜在中国的种植、西瓜品种以及西瓜价值、西瓜艺术等。

中国共产党北京市大兴区庞各庄镇委员会
北京市大兴区庞各庄镇人民代表大会
北京市大兴区庞各庄镇人民政府
中国共产党北京市大兴区庞各庄镇纪律检查委员会
北京市大兴区庞各庄镇人民武装部

全球首座以月季为主题的博物馆坐落于大兴区魏善庄镇。馆内收藏有六百余件具有历史意义的藏品，以声光电子技术向游客展示月季的种植历史、文化和科学培育技术，被评为“2016年全球影响力最大的十大博物馆建筑”。

位于大兴区魏善庄镇的泓文博雅艺术馆以中国传统文化为依托，充分展示生活美学，包括艺术馆、唐卡艺术研究中心、书院、家居艺术设计研究院、友联红木馆、戴为红木馆等部分。

欢迎法国驻华大使馆贵宾

坦博兴善苑是坦博艺苑在北京市大兴区魏善庄镇始建的艺术群落，在这里，可以欣赏到原汁原味的徽派民居，仿佛置身江南美学空间。

坦博藝苑

钧天坊古琴基地位于北京中轴路南延线上的魏善庄镇，是涵盖古琴制作研发、教学演出、古籍保护、琴学出版、古琴音视频制作等为一体的多元化古琴生态基地，是国家级非物质文化遗产代表性项目单位。

李可染画院坐落于大兴区北兴路西红门星光生态文化休闲公园内，立足于中国书画的研究与创新，画院内部设有李可染纪念博物馆、李可染画院美术馆、李可染艺术研究中心、学术报告厅、教学研究工作室、名师讲堂、图书馆、典藏部、展览部等。

師牛堂

经过上百年的学习应用与融合，珂罗版技术已经成为我国的一项传统手工艺术。位于大兴区生物医药产业基地的东方宝笈书画艺术馆通过该技艺复制的书画作品广泛陈列于北京故宫博物院、国家图书馆、上海博物馆、敦煌研究院等著名博物馆（院）及各大美术院校。

作为全国科普教育基地、中国生物多样性保护示范基地的北京南海子麋鹿苑博物馆，经常开展丰富的参与性活动，非常适于各类团体参观，从开营宣誓起，就把整个游览带入一种充满自然保护主题的绿色氛围。

第四章 本土灭绝
CHAPTER FOUR INDIGENO
1894年
麋鹿一经发现，欧洲人就对麋鹿产生了极大的兴趣，在1867年到1894年间，他们通过各种方法获得一些活的麋鹿。这些活体麋鹿最终被送到巴黎、柏林、科隆和安特卫普等地，分散在各个动物园内，麋鹿比同是戴维神父科学发现的大熊猫更早闻名于世。
1867年
经当时博物馆动物学专家阿尔方·米尔恩·爱德华鉴定，此鹿是当时的动物分类学上未曾发现的新种。中国北京大兴南海子由此被认定为麋鹿的模式种产地。
1864年
阿芒·戴维在1864年听说北京南海子皇家苑囿里有种叫“四不像”的动物，便前来一探究竟。
他通过南海子的侍卫，得到麋鹿的头、骨、角和皮张，运回到法国巴黎自然历史博物馆。
3 科学发现
2 文化渊源 MILU CULTURE
第二章 文化渊源
CHAPTER TWO MILU CULTURE

1 麋鹿起源 ORIGIN OF MILU
第一章 麋鹿起源
CHAPTER ONE ORIGIN OF MILU

位于大兴生物医药产业基地的北京中药炮制技术博物馆又称“京帮炮制博物馆”，展览内容主要包括“历史追溯”“技术传承”“京帮集萃”和“国药图鉴”四个主题，同时，借助触控沙盘、幻影成像、移动滑轨、VR技术、场景还原等形式，打造沉浸式体验场馆。

“中华老字号”北京义利食品公司始建于1906年，厂区为现代化、花园式的建筑风格。图为这家百年优秀食品老字号的文化展览馆。

在大兴区瀛海镇工业区的北京三元食品股份有限公司内，有一座首都牛奶科普馆。科普馆在长达740米的环形参观走廊途中设有“三元文化馆”“北京奶业足迹馆”和“牛奶生活馆”三个展馆，参观者可现场感受，还可亲自体验。

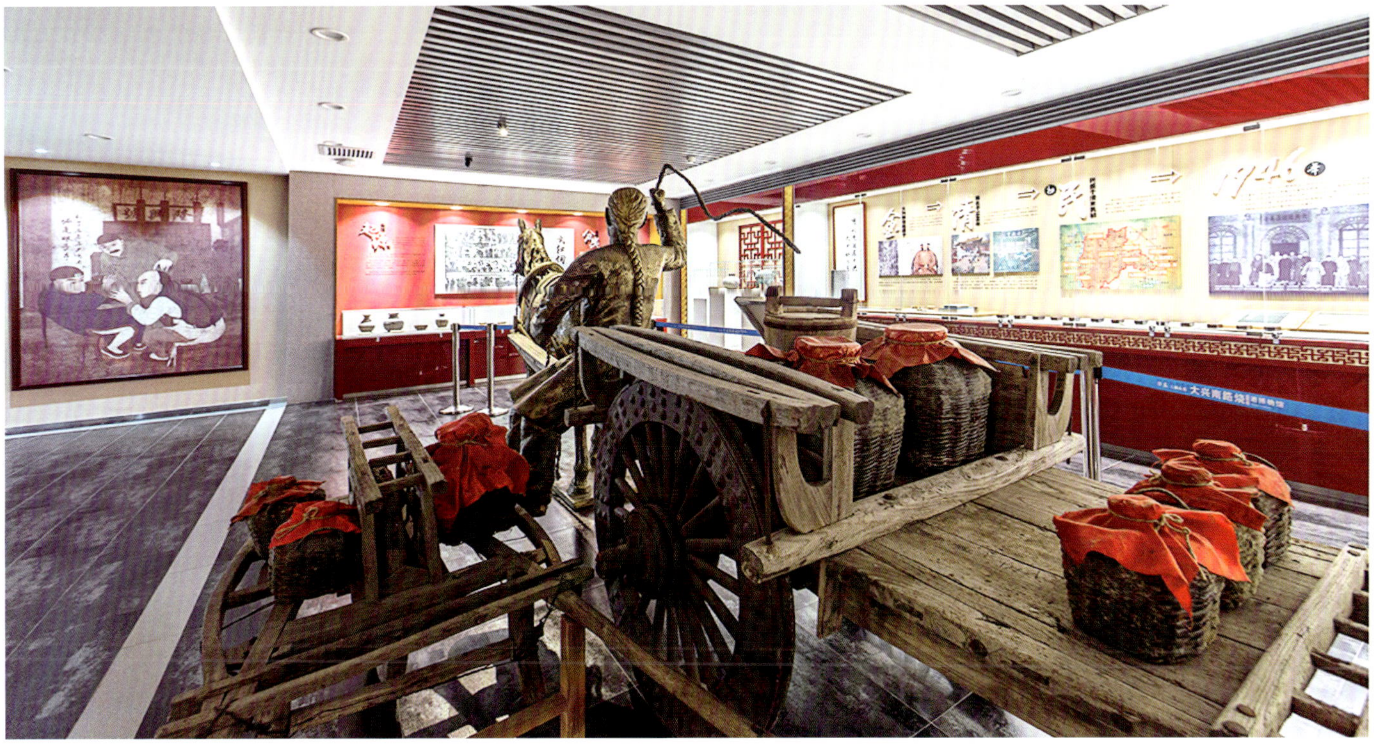

位于大兴区黄村镇的大兴南路烧酒博物馆藏有历史文物万余件，很多文物都拥有百年历史。博物馆分为大兴南路烧酒展示厅、原料库、发酵车间、大曲房和麸曲房、酿造车间、地下体验酒库，此外还设有个性定制区和成品酒区。

大兴生物医药产业基地内的蜜蜂王国生态馆是一座企业展馆，展示内容包括蜜蜂的起源和演化、中国古代养蜂史、蜜蜂与文化艺术、蜜蜂和植物、蜜蜂生物学特性和蜂产品的生产、保健及蜂业发展成就等。

坐落于大兴区黄村镇的北京董陶窑陶瓷制作技术研究所，集艺术家创作空间、研发中心、产品展示中心、大师设计室、作品展示间、名家陈列室、互动体验中心等功能于一体。

坐落于大兴区兴华大街的北京印刷学院美术馆建筑总面积1600多平方米，展览面积1000平方米，设有前厅、主题展厅、多功能播放空间和学术研讨空间。

坐落于大兴区安定镇的中华耕织文化园通过男耕女织传统文化展区、老北京民俗文化展区和非遗文化展区内13万件藏品，展示了我国悠长绵延的农业历史和灿烂辉煌的农业文明。

坐落于弘和北路的大兴区妇女儿童活动中心，拥有丰富的教学资源，是全区妇女儿童培训、活动的基地之一。

B区
AREA
A区
年宫
富强 民主 文明 和谐
自由 平等 公正 法治
爱国 敬业 诚信 友善
国学动漫馆
我们一同快乐成长
Together we grow up happy

北京大兴文化活动中心集群众文化、图书馆藏、文艺演出和展览展示等功能于一体，丰富的展览展示活动常年面向广大人民群众开放。

中国人民公安大学图书馆。

北京建筑大学图书馆。

创新文化

传统标注来路，创新指示方向。“科技创新中心区、高端产业引领区、区域协同前沿区、国际交往门户区、深化改革先行区”的区域发展的“五区”定位，为大兴创新发展规划了清晰的方向，历史机遇前所未有。

历史在变革中前进，社会在创新中发展。创新有其内在特定的文化逻辑，要把“不可能”变成“可能”，既有敢于尝试、大胆探索的机制激励，也有宽容失败、允许试错的文化氛围。今天的大兴，智慧与探求融为一体，在责任与担当中，凝聚成新时代的创新精神，驱动大兴在新的历史轨道上实现跨越式发展。

“文化 +”战略正激活全区文化创意产业活力，正引领文化产业转型发展，一批文化创意企业集聚大兴，一批新兴业态蓬勃而起，推动全区经济结构快速优化。“文化 +”这个时代引擎，正引领大兴华丽升级。

不只是文化创新，更是创新文化。创新成为一种自觉的意识，高端创新产业集聚，集体经营性建设用地入市，农村金融改革试验，村庄社区化管理等等，都是大兴创新文化的集中体现。创新产品，创新服务，创新产业形态，创新制度和规范。大兴的创新文化是一种培育新思想、新观念、新能力的氛围，它正唤起不可估计的能量、热情、主动性和责任感，激发出大兴经济社会的无限活力。

Innovation Culture

Tradition reveals the way coming from, and innovation indicates the further direction. Daxing has positioned itself as "five center": science and technology innovation center, cutting edge industry center, regional coordination frontier, international communication window zone, deepening reform demonstration, which pointing out a clear direction for the development and innovation in Daxing. It's an unprecedented historical opportunity for Daxing.

History process is along with reformation, while society development need innovation. Innovation has its specific inherent logic. To make impossible thing possible, a mechanism encouraging try exploration together with an atmosphere tolerating failure and and error is essential. In today's Daxing, the coordination of wisdom and pioneering spirit, after experiences of undertaking responsibility, forms new era's innovation mind, urging Daxing get a great improvement in future.

The "culture +" strategy is activating the vitality of the region's cultural and creative industries, leading the transformation and development of the cultural industry. A number of cultural and creative enterprises have gathered in Daxing, and a number of new industries have flourished, promoting the rapid optimization of the region's economic structure. The "culture +" strategy is an engine of the times leading Daxing's exciting evolution.

It is not only a cultural innovation, but also an innovative culture. Innovation has become a conscious awareness. The clustering of cutting edge innovative industries, the collectively owned land used as building and operation entering the market, the experiment of rural financial reform, the community-based management of villages, etc. are all concentrated manifestations of Daxing's innovation culture. It is all about innovation products, innovation services, innovation industrial forms, innovation systems and norms. Daxing's innovation culture is an atmosphere that cultivates new ideas, new concepts and new capabilities, which is evoking inestimable energy, enthusiasm, initiative and responsibility, and stimulating the infinite vitality of Daxing's economy and society.

北京大兴国际机场创造了40余项国际、国内第一，技术专利103项，新工法65项，国产化率达98%以上。

新国门

新国门 · 新大兴。

北京大兴国际机场首航仪式。

航站楼指廊尽头的“空中花园”尽显中国元素。

航站楼一系列系统都创造了世界之最，包括航站楼直立锁边金属屋面系统、航站楼无横梁幕墙系统、大面积超白玻璃应用、C形柱顶铝结构天窗、智能遮阳天窗玻璃、综合楼双层通风玻璃幕墙系统等，其规模和设计都处于世界领先行列。

大兴国际机场航站楼中心区域的支撑间距达 200 米，所形成的无柱空间可以完整地放下一个水立方。

创新的设计处处体现出科技与人文，从值机到候机再到登机，一切以人为本，为旅客提供便捷、愉悦的乘机感受。

地铁瀛海站。

北京地铁大兴机场线。

高铁北京大兴站建筑造型取自北京大兴国际机场的正立面剪影，并且与南侧的大兴国际机场相呼应，隐喻兴于空港、展于新城之意，内凹的曲线形式也代表着大兴的包容与开放。

新航城，一座以临空产业、商务服务、总部经济、文化创意、休闲娱乐为主的国际化高端产业新城正在大兴南部矗立起来。图为大兴区榆垡镇中心广场。

建设首都新航城
榆垡

欢迎回家
新机场
新国门
新家园

城市化改变了人们传统的生活方式，也形成了一个个新的商业中心。图为位于新源大街的天街购物中心。

天街

暮色降临，霓虹亮起，“夜经济”在璀璨中方兴未艾。图为位于西红门镇的荟聚购物中心。

IKEA
宜家家居
IKEA
家居

新业态推动新的经济增长点加速形成。图为近年建成的荟聚、天街和绿地缤纷城三大消费购物中心。

W12 STEA
Calvin Klein

天街
Paradise Walk
STARBUCKS COFFEE

缤纷城

位于大兴区天宫院街道的凯德茂购物中心。

位于大兴区旧宫镇的爱琴海购物公园。

位于大兴区林校路街道的大悦春风里。

对传统民俗文化加以创新，让老百姓在家门口就能享受到物质与精神上的愉悦。

供销 e 家一网多用、双向流通、供销并举，服务“三农”。

永兴桥，位于大兴区榆垡镇的新地标。

大兴新城体育中心。

大兴工业开发区，如今已是国家新媒体产业基地的一部分，一批创新企业在这里孕育成长。

国家新媒体产业基地汇聚了众多文化创意产业著名企业、机构，科技研发、文化创意、大数据应用类企业占比超过80%，并积极探索新兴产业业态，构建“高精尖”文化产业发展体系。

作为全市文化创意项目孵化平台，北京文化创新工场大兴基地集产业园区策划、产业园投资、产业园运营、文化企业孵化、文化企业投资等功能于一体，是中国专业的文化产业综合服务平台，目前猪八戒网等一批文化创意和互联网企业已入驻。

曾经的城乡接合部，今天的宜居宜业新城区。图为西红门地区鸟瞰。

大兴生物医药基地
中关村医疗器械园
体
系

大兴生物医药基地与中国信息化发展研究院
战略合作签约仪式
中信院
医药基地

CITTC

大兴生物医药基地承担着振兴生物医药产业和推动国家与北京市高精尖产业聚集的重大使命，目前已有四个院士工作站落户于此。

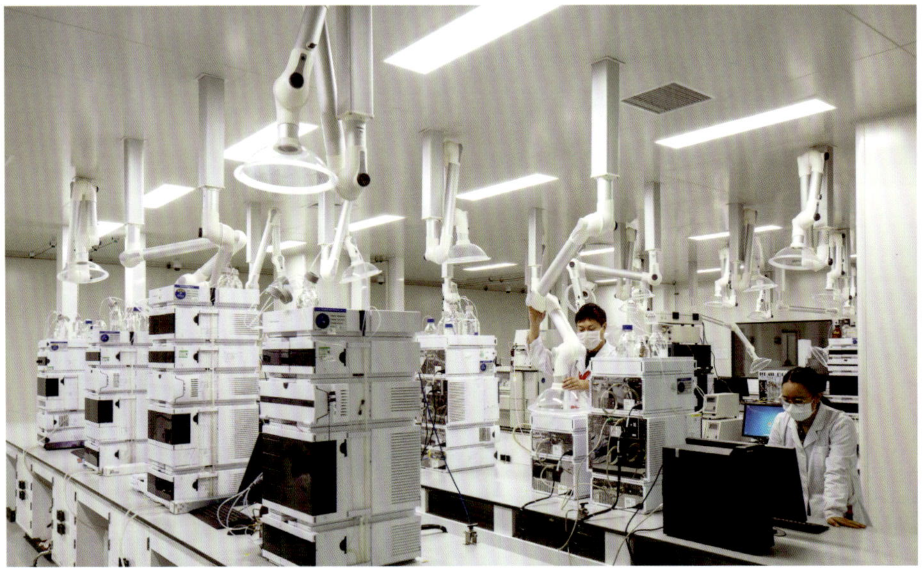

同仁堂、以岭药业、民海生物、大北农等一大批著名生物医药公司在这里催动科技创新、成果转化，并从这里走向市场。

科兴中维疫苗生产车间。

中国食品药品检定研究院、国家兽医微生物中心、中国动物疫病预防控制中心、中关村医疗器械园国际技术转移中心等权威机构入驻大兴生物医药产业基地。

中关村国家自主创新示范区大兴生物
北京经济技术开发区生物医
麦邦光电
AED7000
DM7000
心电监护仪
健康管家
智能居家系统
HUAXI

展示与合作。

采育经济技术开发区是新能源汽车产业的重要基地之一。

新能源汽车产业在大兴区蓬勃发展。

Robotex 世界机器人大赛的开放、创新精神正与大兴区高位布局“高精尖”经济结构，打造首都南部国际交往新门户的功能定位高度契合。

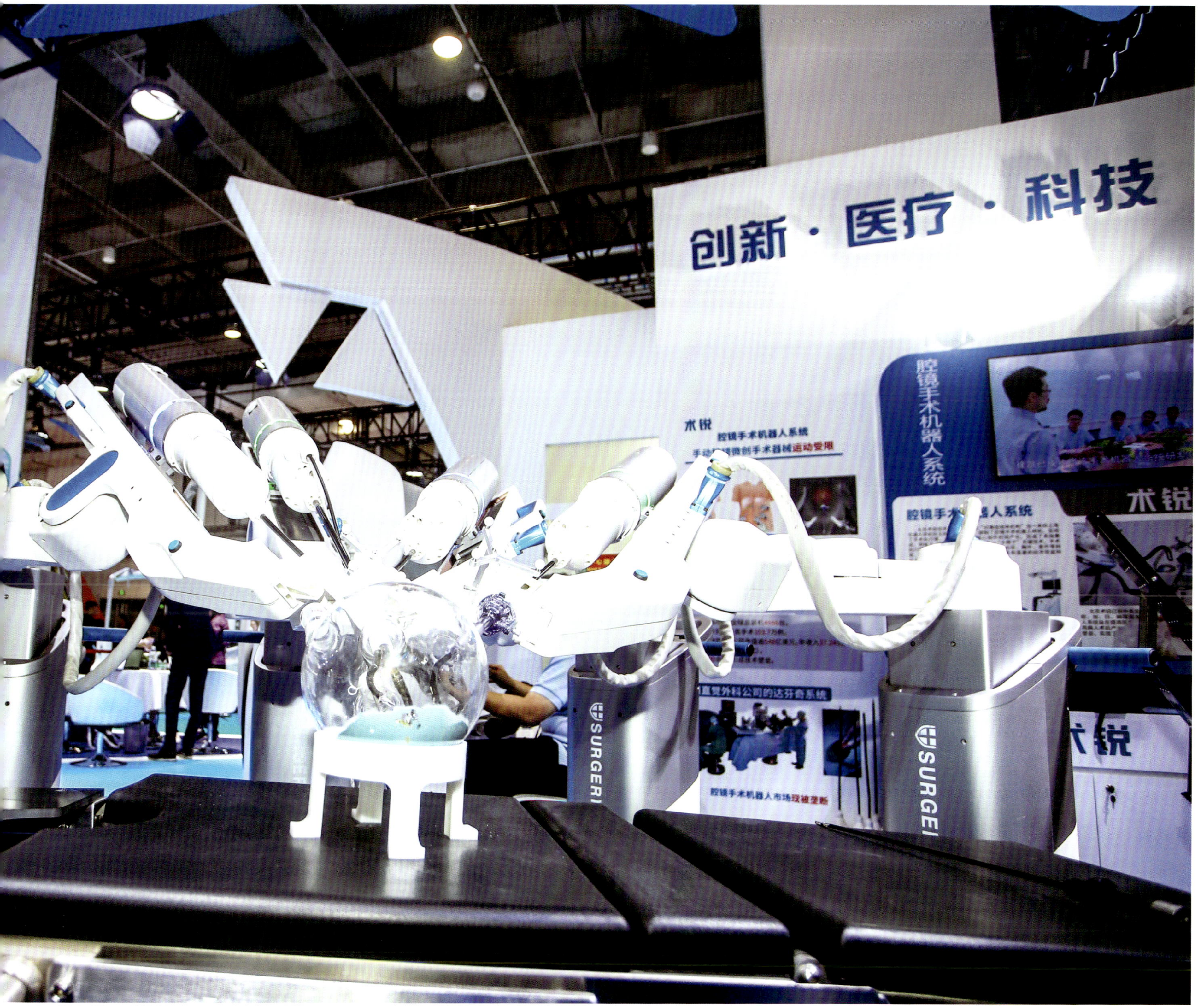

全球规模最大、影响力最广的世界性机器人盛会之一——Robotex 世界机器人大赛引入大兴，成为首个落户“新国门”的国际赛事。

北京建筑大学。

首都师范大学科德学院。

“京南大学联盟”深入拓展校地、校企、校际合作新空间，以“融合、创新、共享”为宗旨，助力首都“高精尖”经济结构和全国科技创新中心建设。

北京印刷学院鸟瞰。

中国人民公安大学。

即将走向工作岗位的中国人民公安大学毕业生。

第三届北京（国际）麋鹿文化大会。

第三届北京南海子文化论坛。

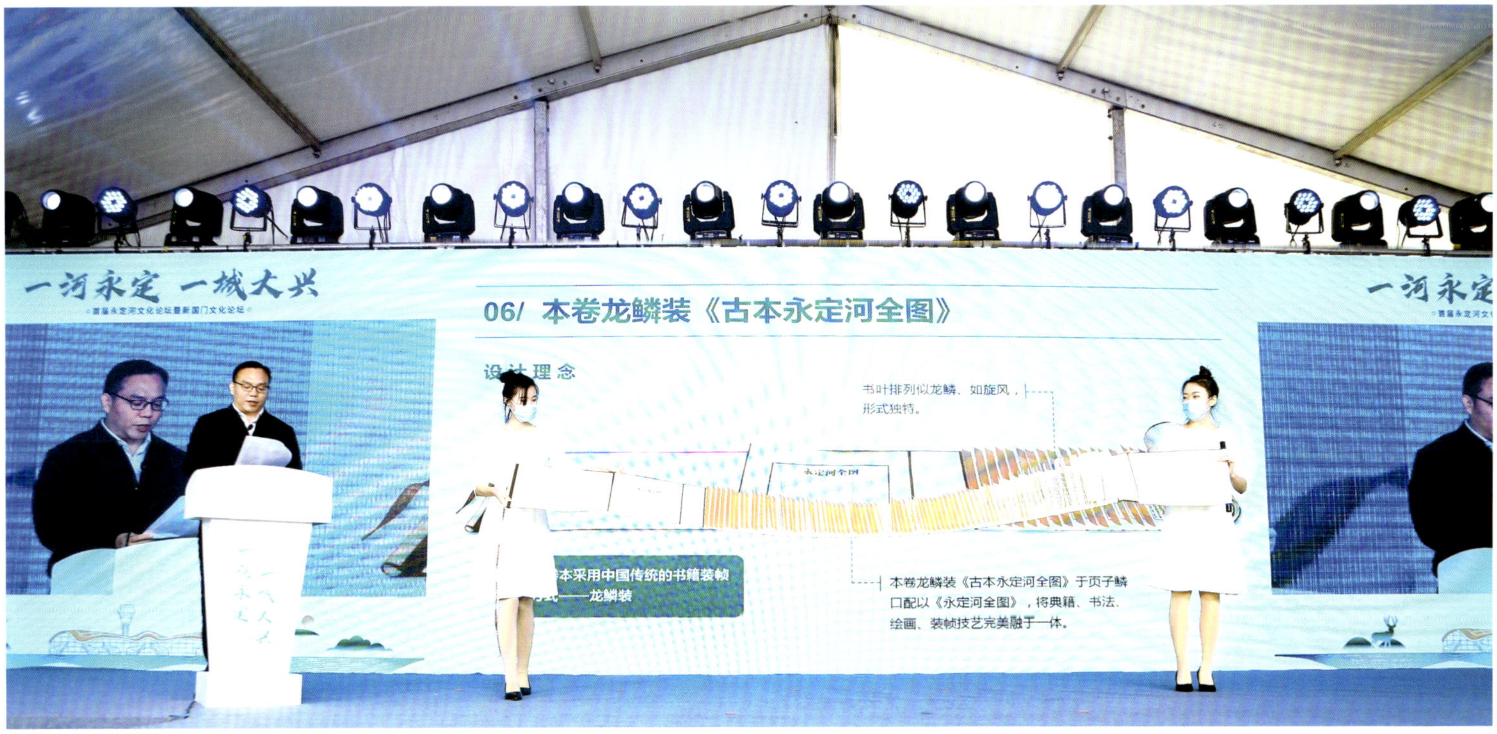

首届永定河文化论坛暨新国门文化论坛。

首图讲坛 · 南海子文化讲座。

大兴区政府努力搭建设计产业创新交流平台，通过多种形式活动将高校人才与企业实践相连接。

丰富的活动赋予青年才俊无限空间，大量优秀创新创意作品涌现出来。

董寧手製

群众喜闻乐见的文化活动在城乡最基层遍地开花。

各种形式的原创作品比赛在大兴蓬勃开展，人们热爱家乡、热爱生活的精神面貌洋溢在这些诗词歌曲、小品短剧和音乐舞蹈中。图为原创舞蹈《沉香》。

在浓郁的创新氛围中，现代评剧《银杏庄》、京剧《南海子》、舞蹈剧《流动的城市》、大型民族管弦乐《新国门畅想》等一批优秀文艺作品相继面世，并获得广泛好评。图为在国家大剧院音乐厅首次亮相的原创大型民族管弦乐《新国门畅想》演出现场。

新编历史剧《南海子》。

原创舞台剧《流动的敦煌》。

“非遗”项目展演。

无论是街角的园艺还是公园的雕塑，无论是机场的茶园还是地铁的壁画，每一处都是独具匠心的人文关怀。图为地铁大兴线站内壁画。

低碳生活日益深入人心，地铁和自行车等绿色出行方式成为越来越多人的选择。

GREEN-TRANS
骑吧
低碳并快乐着…
绿色大兴
畅快出行

红色文化

红色文化是什么？是中国共产党领导人民在革命、建设、改革进程中创造的以中国化的马克思主义为核心的先进文化；红色文化是共产党人、先进分子和人民群众共同创造的先进文化。五四运动时期，大兴的红色基因开始萌发，1930 年，以平杰三为代表的共产党人创建了大兴第一个党支部，自此，大兴的红色文化在砥砺前行中写下壮美的篇章，“平南红色”更成为大兴精神的脉络与脊梁！

红色文化在革命和建设的各个历史阶段都发挥了难以估量的作用。在家国危难的多事之秋，在硝烟弥漫的战争年代，大兴的仁人志士与全国同胞一道在中国共产党的领导下，救亡图存，追求正义、争取解放，抛头颅，洒热血，与敌人进行不屈不挠的殊死抗争，彪炳史册。

中华人民共和国成立初期的峥嵘岁月，翻身得解放的大兴人民，以高昂的激情投入建设家乡、建设祖国、建设社会主义的历史洪流中。在那个激情澎湃的岁月里，大兴人民以舍我其谁的干云豪气，甘于奉献，艰苦奋斗，创造了大兴发展历史上的一个又一个奇迹。

在改革开放的滚滚大潮中，大兴人民敢闯敢干，勇于拼搏，一次次迎接挑战，一次次攻坚克难，取得一个又一个耀眼的辉煌成就，历经四十年岁月，跨进社会主义新时代。

每一个阶段，那一抹红色，始终是精神的感召，始终是最坚实的担当，始终是群众心中最亮的色彩。

不忘初心，牢记使命。新时代的大兴，红色旗帜愈加鲜艳，在建设“新国门·新大兴”的征程中，各行各业涌现出一批批楷模，他们引风气之先，铸大兴之魂，同大兴人民一道，建设着大兴的美好家园！

Red Culture

What is red culture? It is the advanced culture taking Chinese Marxism as its core created by people led by the Communist Party of China in the process of revolution, construction and reform. The red culture is the advanced culture created by the Communists, advanced element and the people together. During the May Fourth Movement, the red gene of Daxing began to sprout, and in 1930, the communists represented by Ping Jiesan created the first party branch of Daxing. Since then, the red culture of Daxing has written magnificent chapters in forging ahead, and "Pingnan Red" has become the vein and backbone of the spirit of Daxing!

Red culture has played an immeasurable role in all historical stages of revolution and construction. In the troubled times when the country was in danger and in the war years when warfare taking place everywhere, the people of Daxing, together with the compatriots of the whole country, under the leadership of the Communist Party of China, saved the country, pursued justice, fought for liberation, shed their blood, and fought indomitably with the enemy to the death, which shone throughout history.

In the early eventful years of new China, the people of Daxing who could dominate their own fate after long terms oppression, threw high passion into the construction of their hometown, the construction of the motherland, the construction of socialism in the historical flood. In those passionate years, the people of Daxing was willing to dedicate themselves to the years of hard graft with firm and persistent heroic spirit, and created one miracle after another in the history of Daxing development.

In the billowing tide of reform and opening up, the people of Daxing was brave in venture and struggle and have the courage to fight, to face the challenge and to overcome the difficulties again and again, and to achieve dazzling and brilliant achievements one after another. Daxing has stepped into a new era of socialism after forty years.

At every stage, the red color is always the spirit of inspiration, the most solid commitment, the brightest color in the hearts of the masses.

We should stay true to the original aspiration and founding mission. In the new era of Daxing, the red of flag is becoming more and more vivid. In the process of building "New Gate of the Capital City, New Daxing District", a number of models have emerged from all areas, who are leading the way and casting the soul of Daxing, building a beautiful home together with the people of Daxing!

大兴区委党校作为红色教育基地，发挥着重要作用。

每一年国庆日，都是人们心中的庆典。

和国成立70周年
创 新 示 范 区
产 业 基

设置的是景观，营造的是氛围，表达的是对祖国无尽的热爱。

國家康復輔具研究中心
1949—2019

热烈庆祝
中华人民共和国成立
70
1949 — 2019
周年

新国门 · 新大兴 · 新征程——中华人民共和国成立 70 周年大兴区建设成就展。

临时停车场入口

喜迎十九大

党的每一次盛会，都是领航古老中国走向伟大复兴的新起点。

万众瞩目的国庆庆典，大兴表演方阵的队员们发自内心的欢呼。

缅怀先烈，秉承他们的遗志，是我们共同的初心。

无数先烈用他们的热血和生命换来了今天的美好，他们的丰功伟绩将永刻丰碑。

无论是见义勇为的英雄，还是身边平凡的榜样，都是大兴浩然正气的最佳注脚。

华黎、田载耕、赵景安、崔振春、阎墨缘……留下姓名的和无数没有留下姓名的先烈，大兴人民从不敢忘怀。

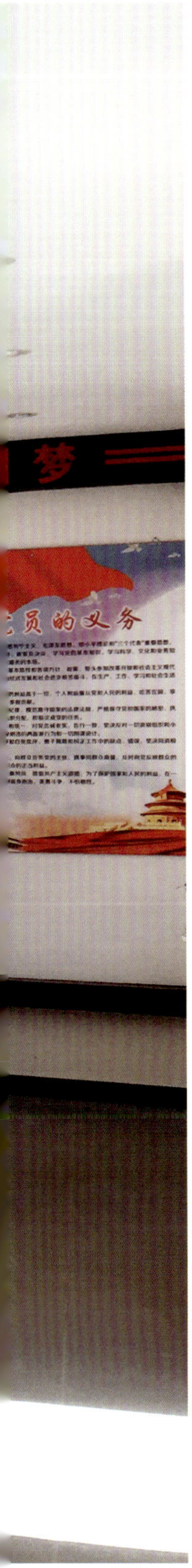

建设好社会主义新中国，让人民过上更加幸福美好的生活，是对先烈们最好的告慰。

实现民族复兴的伟大梦想，进行伟大斗争、建设伟大工程、推进伟大事业的接力棒将代代相传。

革命的"房东"
——堡垒户
刘宝光、刘宝才
捍卫家园

学史力行

增强国旗意识，提示和铭记我们的初心，是红色文化的重要组成部分。不仅是对祖国尊重，也是对祖国的热爱。

以党员为代表的大兴榜样，引领风尚，德润大兴。

身边的榜样。

他们，是新风尚的引领者，是平凡的实干家。

服务热情
真诚为民
红旗窗口
大兴区综合行政服务中心
卫生局
Sanitary Bureau

唱响主旋律，歌颂新时代。

七十余年弹指一挥间，经过一代又一代人坚持不懈的奋斗，大兴的变化天翻地覆，可谓换了人间。

又一批大兴人民的好儿郎穿上军装，扛起钢枪，奔赴保卫祖国的最前线。

地方拥军优属，军队拥政爱民。图为地方驻军向做出贡献的居民颁授奖状。